Muzaffer Tayyip Uslu (İstanbul, Fatih, 1922 - Zonguldak, 3 Temmuz 1946). Asıl adı Süleyman Muzaffer Uslu'dur. Babası Tayyip Talip, annesi Üsküdar'lı Şükriye Hanımdır. Muzaffer Tayyip'in kendisinden büyük bir ağabeyi ve küçük erkek kardeşi vardır. Çocukluk yılları İstanbul'da geçerken polis komiseri olan babasının görevi nedeniyle ailesiyle birlikte Mersin'e gitti. Ortaokul yıllarını Mersin'de geçirdikten sonra, babasının tayin yeri olan Zonguldak Kömür İşletmeleri'nde memurluğa başlamasıyla, ağabeyini babaannesi ile Mersin'de bırakarak küçük kardeşi ve annesiyle birlikte Zonguldak'a yerleşti. Burada, geçirdiği zatürree hastalığı nedeniyle Mehmet Çelikel Lisesi'ni güçlükle bitirebildi. (1943). Ardından İÜEF Felsefe Bölümü'ne girdiyse de hem hastalığının vereme çevirmesi, hem de parasızlık nedeniyle öğrenimini sürdüremedi. Zonguldak'a dönerek Ereğli Kömür İşletmeleri İş Mükellefiyeti Dairesi'nde memuriyete girdi. Ancak yakalandığı hastalıktan kurtulamayarak genç yaşta öldü.

İlk şiiri *Varlık*'ta çıktı (1941). Kendisi gibi genç yaşta veremden ölen arkadaşı Rüştü Onur (1920-42) ile birlikte genç kuşağın başarılı şairleri arasında gösterildi. *Varlık, Ocak* gazetesi, *Değirmen* ve *Kara Elmas* dergilerinde yayımlanan şiirleriyle beğeni topladı. Şair "yaşamındaki acılara rağmen, gizli bir üzgünlük içinde yaşamanın güzelliğini yazdı" (B. Necatigil). Zaman zaman duygusal, kimi zaman da acı bir alayın egemen olduğu, ince bir duyarlıkla işlediği şiirlerindeki temiz dili ve ustaca söyleyişleriyle genç yaşta yeni şiir akımının şairleri arasında yer aldı. Şiirlerinde Orhan Veli ve Oktay Rifat etkisi hissedildi. Şiirlerini *Şimdilik* adıyla tek bir kitapta topladı. Ölümünden sonra Necati Cumalı, bu kitabında yer alan ve dergilerde kalmış şiirlerini, yazılarından seçmeleri, ölümünden önce ve sonra hakkında yazılanları bir araya getirerek *Muzaffer Tayyip* (1956) adıyla yayımladı.

Yapıtları: Şiir: *Şimdilik*, (Zonguldak: A. R. İncealemdaroğlu B., 1945).

MUZAFFER TAYYİP USLU

Şimdilik

Yapı Kredi Yayınları

Yapı Kredi Yayınları - 3821
Şiir - 306

Şimdilik / Muzaffer Tayyip Uslu

Kitap editörü: Fahri Güllüoğlu

Kapak tasarımı: Nahide Dikel

Baskı: Pasifik Ofset
Cihangir Mah. Güvercin Cad. No: 3/1
Baha İş Merkezi A Blok Haramidere - Avcılar / İstanbul
Telefon: (0 212) 412 17 77
Sertifika No: 12027

1. baskı: A. R. İncealemdaroğlu Basımevi, 1945
YKY'de 1. baskı: İstanbul, Şubat 2013
4. baskı: İstanbul, Mart 2013
ISBN 978-975-08-2471-5

Yapı Kredi Kültür Sanat Yayıncılık Ticaret ve Sanayi A.Ş.
Yapı Kredi Kültür Merkezi
İstiklal Caddesi No. 161 Beyoğlu 34433 İstanbul
Telefon: (0 212) 252 47 00 (pbx) Faks: (0 212) 293 07 23
http://www.ykykultur.com.tr
e-posta: ykykultur@ykykultur.com.tr
İnternet satış adresi: http://alisveris.yapikredi.com.tr

İçindekiler

Yayıncının notu: *Şimdilik* kitabının (Muzaffer Soysal'ın önsözüyle) 1945'te yapılan ilk baskısına sadık kalınmış ve Muzaffer Tayyip Uslu'nun imlasına –belirgin basım hataları dışında– dokunulmamıştır. "Ek"te yer alan, Muzaffer Tayyip Uslu'nun yedi şiiri ve yazıları için Necati Cumalı'nın hazırladığı *Muzaffer Tayyip* (Muzaffer Tayyip Uslu – Şiirleri, Yazıları, Kendisi İçin Yazılanlar, Yeditepe, 1956) kitabından ve "Rüştü'ye Dair" başlıklı yazısı için Salâh Birsel'in hazırladığı *Rüştü Onur* (Şiirleri, Yazıları, Kendisi İçin Yazılanlar, Yeditepe, 1956) kitabından yararlanılmıştır.

Birkaç Söz

Şiirlerini de kendisi kadar sevdiğim adaşım ve arkadaşım Muzaffer Tayyip, hazırladığı bu kitap için benden bir önsöz yazmamı isteyince, sevinmedim dersem yalan söylemiş olurum. Çünkü bu suretle zaman zaman uğrunda şiddetli tartışmalara giriştiğimiz yeni şiiri, bir kere daha, fakat bu sefer daha güzel örneklerle açıklamak imkânını bulacaktım; gazete sütunlarında yarıkalmış hükümleri bir araya toplıyacak ve yeni nesle toptan yapılmış ithamları ve yersiz tenkitleri bu fırsattan faydalanarak cevaplandıracaktım.

Halbuki, ilk bakışta bu kadar faydalı ve zevkli görünen bu iş, hakikatte o kadar kolay değildir. Şiir üzerinde araba dolusu söz söylemek neye yarar? Şiirin kendisi güzel ve cana yakın olmalıdır ki en katı yüreklilere bile tesir edebilsin. Ondan uzun uzadıya bahsetmek asıl dâvânın elden kaçırılmasına sebep olabilir. Meselâ bugün kime Yahya Kemal'in bir şiirini okusam beğendireceğim muhakkaktır. Çünkü "préjugé"ler* böyle emrediyor. Onun için değil midir ki kütlenin şiir anlayışı okunan şiirlerin değerine göre değil de "préjugé"lere göre kolayca değişebilir. Hâlâ önümüze sürülen bu kadar kötü örneklere rağmen birçoğumuzun köhne şiire körükörüne bağlı kalışını başka türlü nasıl izah edersiniz?

Bir sürü yâvenin zevkimize hükmettiği günleri hayatımızın hakikaten esefle anılacak devreleri arasında saymalıyız. Yeni şiir düşmanlarının büyük bir kısmı kâh eli tes-

* *préjugé* (Fr.): önyargı (Ed. n.)

bihli bir molla, kâh Bergson'u okumayı fazilet sayacak kadar bu dünyadan habersiz bir insan, kâh geniş salâhiyetli bir siyasî kontrolör kılığında gençliğin karşısına çıkmaktadırlar. Öz şiir bütün bu gibi çevrelerde köksüz bir sanat kolu sayılıyor. Bu hâl anlayışsızlıktan –hatta daha ileri gidelim– nankörlükten başka nedir? Evet, kabul ediyoruz, yeni şiir maskesi altında hakikaten zayıf örnekler de ileri sürülmektedir, fakat bir defa olsun okumak zahmetine katlanınca malın hakikisi ile sahtesi kolayca kendini gösterecektir.

Eski anlayışlıların gökyüzüne ve hatta bulutlar üzerine çıkardığı şiiri, yeni sanatkâr insan vücuduna ve toprak üstüne indirmiştir. Şiirimizde, şimdi katıksız bir insan hayatı yaşanmakta ve yaşatılmaktadır. Yeni ruhla meydana gelmiş her sanat eserinde insanlığımızdan bir parça bulacağımız muhakkaktır. İşte, asıl mühim olan budur. İç hayatımıza kadar sokulan şiir bazılarımızı ürkütmüştür. Hatta iyi şairleri kıskanmamız da bu yüzdendir. Yeni şiirin hakikisi, iç dünyamızı –bizden başka ve bizden daha salâhiyetli– bir gözün müşahede etmekte olduğunu bize ihtar ediyor.

Yeni şiirin "vuzuh"undan şüphe edenler var. Burada, Monsier Claude Roy'nın bir genç kadına, yeni şiire dair söylediği bir sözü hatırlatalım:

> "... Eğer Sizi sevseydim, İnes, emin olun, size çok güzel ve biraz da müphem kelimelerle hitap edecektim; başkası için izahı belki güç, fakat sizin pek kolay anlıyabileceğiniz kelimeler, kuş, hayvan ve çiçek isimleri söyliyecektim. Şiir de böyledir. Şair sözünü âşıkane lâkırdılar gibi dinlemek icabeder."

Eski şiirin yapısı ile yeni şiirinki arasında şüphesiz pek çokları vardır. Alışılmamış şekiller, bazılarını sinirlendiriyor hatta güldürüyor. Ne yapalım, şairin vazifesi, zevksizlerle mücadele etmek değildir. Yeniliği kaldıramıyan bünyeler, elbet biraz geç uyanacaktır. Bu "hâb-ı gaflet"i kısaltmıya çalışmak ve onların insafa gelmesini beklemek, yolumuzdan çok şeyler kaybettirir.

Bu bakımdan, zevkine ve anlayışına eskidenberi hürmet ettiğim arkadaşımın bu küçük kitabını, iyiye ve güzele giden bu sanat yolu üzerinde atılmış kuvvetli ve samimi bir adım sayıyorum. Hemen şunu da ilâve edeyim ki, *Şimdilik*, isminden de anlaşılacağı gibi, bir netice değil, bir "başlangıç"tır.

Muzaffer Soysal
Zonguldak, Ağustos 1945

ARKADAŞLIK

—I—

Şiirler söylemek istiyorum size
En tatlı ümitler içinde
İstiyorum ki korkutmasın sizi mezarlık
Göreceksiniz o kadar
O kadar can sıkıcı değildir
Benimle arkadaşlık
Ben
   Rivayete göre
   Allahın talihsiz kulu
Ben
   Üsküdarlı Şükriye hanımın
                  Ortanca oğlu
Ve yirminci yüzyılın
                  Eli ayağı bağlı
                  Zavallı şairi
                  Muzaffer Tayyıp Uslu
Şiirler söylemek istiyorum size
Siz sevgili insan kardeşlerime

— II —

Sevgili insan kardeşlerim
Size bütün kalbimle teşekkür ederim

Ellerinizin yardımıyla
Saçlarımı tarıyorum
Her sabah

Siz kitaplara yazmasaydınız
Ben nereden bilecektim
İki kere ikinin dört ettiğini

Ve gökyüzünü yatağımdan
Seyredebilir miydim böyle
Aklınıza gelmeseydi
Bu pencereyi açmak odama

Ah biliyorum
Biliyorum bir gün gelir de ölürsem
Omuzlarınızda gidecek cenazem
Size teşekkür ederim şimdiden

— III —

Bilmelisiniz ki insan kardeşlerim
Deniz denilen bir şey vardır yeryüzünde
Ve gökyüzü mavidir ekseriya
Sonra aklınızda bulunsun
Ne olur ne olmaz
Aklınızda bulunsun
Yalnız yaşamak için geldik bu dünyaya
Başka hiçbir şey için değil
Mesut olabilmemiz içindir
Ne varsa bu dünyada
Gökyüzünden tutun da
Ağaçların meyvesine
Hatta gölgesine varıncaya kadar
Ne varsa bu dünyada
Mes'ut olabilmemiz içindir
Aklınızda bulunsun

REMZİ BEY'E ŞİİRLER

–Soysal'a–

— I —

Nasıl yaşamışsın Remzi bey
Nasıl yaşamışsın sen
Bugüne kadar böyle
İnsanlardan habersiz.
Oturup bir masa başına
Kaydederek
Falanca evrağın
Nereden gelip
Nereye gittiğini
Hiç de mi canın sıkılmadı
Hiç de mi gözüne ilişmedi deniz
Bunca zamandan beri
Hayret Remzi Bey
Hayret doğrusu
Hayret...

— II —

Remzi bey diyor ki bana
İyi ki bir kelime öğrenmişsin
Söylenip duruyorsun ikide bir
Yaşamak, yaşamak
Fakat yaşamak dediğin nedir
Ben de diyorum ki Remzi beye
Gülerekten
Sigara içmek aziz dostum

— III —

İşte böyle Remzi bey
Sen ne söylersen söyle
Ben seviyorum insanları
Bana benziyor hepsi
Meselâ sokakta birisi
Sigarasını yakıyor sigaramdan
Bir başkası meselâ
Durup bakıyor arkamdan
Saatlerce
Kimbilir kime benzetmiş beni
Ve akşam karanlığında
Dönerken evime
Uğurlar olsun diyor bir ses
Eyvallah diyorum hemşerim

BAHARA KASİDE

Bir ben bilirim
Bir de ayaklarım
Baharın bana ettiğini

Ah yalnız ben değilim
Şaşıran evin yolunu
Ve unutan
Kitaplarını masada
Yatağını bilhassa
Bahar gelince

Her bahar böyle olurum
Bir kızı severim muhakkak
Sarı saçlı

Ve ceplerimi arasanız
Metelik bulamazsınız

YAĞMUR

Sabahleyin evden çıktım
Güneş vardı
İyi hatırlıyorum
Hafif bir sonbahar güneşi

Eski bir dosta rastladım
Köprünün ortasında
Tam o sırada
Bir vapur kalktı Kadıköy iskelesinden

Selâm verdim
Selâm aldım
Birkaç defa
Derken ne bakayım
Beyoğlundayım
Bir güzel kadın geçiyor yanımdan
Sinemanın birine girdim sonra
Akşam eve dönerken
Öyle bir yağmur yağıyordu ki...

GÜNAYDIN

Kapalı duran penceremden
Odama giren sabah güneşi
Günaydın diyor

Sandalyanın sırtında ceketim
Dün gece olup bitenleri unutmuş
Uzun etme diyor işte.

Ve bir mırıltı
Kulağımın dibinde
Ben başlıyan günüm
Aydınlığı getirdim sana
İnsanoğlu
          Hadi kalksana
Peşinden lafa karışıyor pencere
Günaydın Muzaffer bey
Sokaklar seni bekliyor
—Sokaklar beni bekliyormuş—
Günaydın

KENAR MAHALLE ŞARKISI

O bir kenarmahalle dilberi
Başında
Bir siyah başörtü
Elinde testi
Suya gider
İkindiüstü

Ben buna dayanamam
Dayanamam dostlarım
Dayanamam gayri
Sabrım tükendi.

Saçları var
Sarı mı sarı
Gözleri var
Mavi mi mavi
Bir yüzü var
Hafif çilli
Hele bir bakışı var
Deli divane eder beni

Ben buna dayanamam
Dayanamam dostlarım
Dayanamam gayri
Sabrım tükendi.

O bir kenar mahalle dilberi
Ben bir kenarmahalle şairi

ÖLÜLER KONUŞUYOR

I

"Ben veremden öldüm
"Belki ölmezdim
"Sıkıntım olmasaydı
"Paradan yana."

"Ben de cephede öldüm
"Süngü taktım
"Hücuma geçtim
"Ve kâfi geldi
"Kâfi geldi tek bir kurşun
"Veda etmek için hayata
"Varşova önlerinde."

"Ah ben bir hiç yüzünden öldüm
"Bir gece açık kalmıştı üstüm
"Soğuk aldım.
"Önce yatağa düştüm
"Sonra da toprağa."

"Beni tramvay çiğnedi
"Sultanahmet'te
"Olur şey değil
"Ben burada
"Ellerim ve ayaklarım orada
"Hâlâ inanamıyorum öldüğüme."

II

"Bir ümit vardı içimde yaşarken
"Belki diyordum kendi kendime
"Belki öldükten sonra
"Mümkündür yaşamak
"Ekmek elden
"Su gölden
"Onu da kaçırdım şimdi elimden
"Söyleyin ne yapayım ben?..

"Ne kadar yanıyorum bilseniz
"Böyle vakitsiz öldüğüme
"Giyemedim bir defa bile olsun
"Yeni yaptırdığım elbiseyi...

"Ya ben,
"Bir kızı sevmek üzereydim
"Sarı saçlı."

"Beni doğururken ölmüş annem
"Zaten, zayıf bir kadınmış zavallı
"Ben de öldüm işte yirmi yaşımda
"Açlıktan ki o ayrı bir mesele
"Annemi arıyorum şimdi
"Öldüğüm günden beri,
"Bir türlü bulamıyorum."

III

"Ölümü düşünmemek de varmış
"Bilmedik sağlımızda
"Elden ne gelir?
"Yaşamaktasın
"Elin tutar
"Yürür ayağın
"Sıkıntı mı bastı
"Şarkı söyle efendim, şarkı
"Hem ne güne duruyor sanki
"Gökyüzü olsun
"Deniz olsun
"Ne güne duruyor?"

"Hiç de pişman değilim öldüğüme
"Herşey bitmişti zira
"Usanmıştım artık
"Gökyüzünü seyretmekten
"O kadar çok hatıram vardı ki
"Karıştırıyordum biribirine"

IV

"Dünyaya bir daha gelirsem
"Aklı başında bir insan olacağım
"Akşamları erken uyuyacağım
"Ne işim var öyle meyhanelerde
"Pazarları
"Parklarda gezineceğim
"Karımla

"Ben onu bunu bilmem
"Şunu bilirim
"Şunu söylerim
"Ölmek veya ölmemekte
"Bütün mesele
"Bütün mesele
"Yetişir ki insan ölmesin
"Akşamları uyuyup
"Sabahları uyansın
"Ve saçları dağılsın rüzgârda
"Yetişir"

DÜNYA HARBİ

Son günlerimi yaşıyorum sanki
Gökyüzünü seyretmemiştim böyle hiç
Başımı kaşıyarak
Bu kadar mahzun etmemişti beni
Babası ölen çocuk
Dalı kırılan ağaç
Kocası sarhoş kadın
Bu kadar mahzun etmemişti beni
Ah, boyu devrilesi
Körolası dünya harbi

BİR SEVDA ŞİİRİ

Sen eski bir sevda şiirisin
Bir koku var sende
Sıcak yaz akşamlarına mahsus
Ellerin de mi
Saçların da mı
Gözlerin de mi
Bilmem
Bir koku var sende
Sıcak yaz akşamlarına mahsus

ÇİÇEKÇİ KIZ

Çiçekçi kız
Sen sattığın çiçeklerden
Daha güzelsin
İnan bu sözüme

DENİZ

Deniz kelimesi nerde
Denizin kendisi nerde
Ah, insanları yorulmadan
Sokakları yorulan
Bu küçük şehirde
Bir kelimedir deniz
Pencereye ve masaya
Masanın üzerindeki sürahiye benzeyen
Alelâde bir kelime
Ve işte buna alışmadım gitti

ACIMAK

Gel etme karınca kardeş.
Ağustos böceğine acı
Kabahat onun mu sanki
Şarkı söylediyse bütün yaz

KİME SÖYLESEM

Şimdi kime ve nasıl söylesem
Ayrılırken bu şehri sevdiğimi
Ben ki bahsetmiştim herkese
Canımın sıkıldığından
Bu küçük şehirde

GECE

Geceyi kapımda bekletemem
Ya içeri odama almalıyım
Ya beraber dışarı çıkmalıyım
Geceyi kapımda bekletemem

SAKIN

Sakın yağmurlu havalarda
Terketme pencereyi
Ben bu şehri terketmeden

BARIŞ

Barış ilân edildi nihayet
Herşey eski halini aldı
Ne olduysa cephede ölene oldu
Bir sabah aldılar evinden
Güneşli bir gün vardı dışarda
Ağaçlar da henüz çiçeklenmişti
Ne kadar durgundu Allahım deniz
Ve bir daha dönmedi geri
İşte bütün hikâye
Annesi ağlıyor şimdi!

HARPTEN ÖNCE

Siyah gözlüklü delikanlının
Deniz gibi mavi
Masmavi gözleri varmış
Harp başlamadan evvel

HARPTEN SONRA

Diyor ki bir arkadaşım
Evlenmek olacak ilk işim
Hele bir harp bitsin
Ben de aynı düşüncedeyim
Hele bir harp bitsin
Hele bir harp bitsin

İSTANBUL

Adamın birine sormuşlar,
Paran olsa ne yapardın
Demiş ki:
"Birer kürk manto alırdım
"Bütün güzel kadınlara"
Bana da deseler
Ya sen ne yapardın
"Vapura atlayıp
"Doğru İstanbula giderdim
"Ah, benim güzel İstanbulum"

AVARE

Ben böyle avare değildim eskiden
Bulutlarla merhabam yoktu
Kapısını çaldığım bir ev vardı
Parka gittiğim vakit sorardım
Ağaçların hatırını
Kırk yılda bir kere
Hele sokakları
Yalnız sabahları seyrederdim
Penceresinden odamın

HATIRALAR

Hiçbir şeyi düşünmemeli uzun uzun
Biliyorum ağacı
Ağaç olarak seyretmeli
Lâkin elimden gelmiyor bir türlü
Ne yapalım,
İnsan yaratılmışım çünki
Sırası gelmiş
Ağlamışım
Gülmüşüm sırasında
Parasız kalmışım
Aç kalmışım sonra
Artık nereye gitsem
Hatıralar peşimde

MEKTUP BEKLİYEN

Böyledir mektup bekliyenin hali
Denizi görse rüyasında
Sevinir
Bir haber var diye

BAZI SAATLER

Denizle deniz olduğum saatler vardır
Küçük ve beyaz bir bulutum
Çay içerken
Sabah vakti

İŞSİZ ADAM

Parktaki tıraşı gelmiş
İşsiz adam
Farkındayım
Kafayı çekmek şöyle dursun
Sıgara alacak paran yok
Ama sen bulutları seveceksin her zaman
Ve tren sesi sana daima
İşbaşı düdüğünü hatırlatacak
Kocaman bacalı
Kocaman bir fabrikanın

ESMER

Ne zaman aklıma gelse
İstanbuldaki sevgilim
Hep ayni şarkıyı söylerim
Bu berbat sesimle
"Aman esmer
"Canı esmer
"Civan esmer"
Oysa ki sarışındır
İstanbuldaki sevgilim
Esmer değil

GÜNEŞLİ GÜN

Söyleme sakın söyleme güneşli gün
Aylardan beri sokakları
Sokakları ve insanları
Demir parmaklıklı pencereden
Seyreden o delikanlıya
Baharın geldiğini
Sakın söyleme

ERİK AĞACI VE KELİMELER

Oh, ne güzel erik ağacı
Anlatmak için derdini
Muhtaç değilsin kelimelerin yardımına
Biz zavallı
Zavallı insanlar gibi

GURBET

Âşıksın işte
Ne diye saklarsın
Söylediğin şarkıdan belli
Sevdiğin kız
Seni sevmez
Üstelik.
Bir de gurbettesin
Mektup beklersin
Gelmez.

PAZARTESİ SABAHI

Üzerimden akıyor avarelik
Bu pazartesi sabahı
Bu pazartesi sabahı ki ortalık
Alabildiğine günlük güneşlik
Kafa tutuyor
Ellerim ayaklarıma
Ayaklarım ellerime

EVADOKSİYA

İnkâr etmiyorum ki
Öpmesine öptüm Evadoksiya'yı
Hem de Zeyrek yokuşunda öptüm
Sinemaya da götürdüm
Fakat ben o zaman
Deli gibi seviyordum onu
Sanırsam, o da beni seviyordu
Sevmese ıslık çalar mıydı
Saat ondan sonra
Çabuk gel diye

ÖLDÜKTEN SONRA

Diyecekler ki arkamdan
Ben öldükten sonra
O, yalnız şiir yazardı
Ve yağmurlu gecelerde
Elleri cebinde gezerdi
Yazık diyecek
Hatıra defterimi okuyan
Ne talihsiz adammış
İmanı gevremiş parasızlıktan

ŞAİR

Siz bakmayın bana
Ben şairim
Denizin üzerinde yürüyebilirim
Islık çalarak
Hatta ellerim cebimde
Bir de sıgara bulunsun
İsterseniz ağzımda

ARZU

Bir güzele
Güzelliğini söylemek isterdim
Aynalardan evvel

UNUTMAK

Seni unutmak için içmiştim
İlk kadehi
Sarı saçlı sultanım
Ve ikincisinde
Oh ne güzel demiştim,
Unutmak, böyle her şeyi
Üçüncü kadehte
Karşıma yine sen çıktın
Sarı saçlı sultanım

BALIK PAZARI

Geçme Muzaffer geçme Balıkpazarından
Bu yaz akşamı böyle
Koltuğunda bir okka ekmekle
Geçme Muzaffer geçme balıkpazarından
Eski günler gelir aklına,
                    Eski günler
Eski günler gelir de aklına
Oturup ağlarsın sonra,
                    Ağlarsın,
Geçme Muzaffer geçme balıkpazarından
Başını derde sokarsın
                    Karışmam

MERSİN

Şaşırıvermiştik... ortalık yaz gibi
Oysa ki trene bindiğimiz vakit
Kar yağıyordu İstanbul'da
Gözlerimiz buna şahit
Şaşırıvermiştik... ortalık yaz gibi

İlk günümüz bir otelde geçti
Ne pis yerdi otel aman
Ve ne tuhaf gelmişti bize Mersin,
Güneşin alnında küçük bir liman
İlk günümüz bir otelde geçti

Nelere alışılmaz sanki zamanla
Zararsızdı işte havası ve suyu
Hâlâ düşmez annemin dilinden
İnsanlarının komşuluğu
Nelere alışılmaz sanki zamanla

Ufacıktım ben o sıralarda
Sevgilim yoktu hatırlayacak
Şimdi olduğu gibi İstanbul'da
Rahmetli haminnemi düşünürdüm ancak
Ufacıktım ben o sıralarda

Ve bir gün Mersin'e veda ettik
Beş sene, tam beş sene sonra
Annem, ben ve küçük kardeşim
Hepimiz de bir yığın hatıra
Bir gün, Mersin'e veda ettik

Aradan bunca zaman geçti
Rüzgârdaki yaprağa döndüm
Saadet içinde yaşamak dururken
Felâketler içinde geçiyor ömrüm
Aradan bunca zaman geçti

Ve bir rüya gibi hatırlıyorum şimdi,
Sıcak yaz gecelerinde,
Bundan bilmem kaç sene evvel
Hür ve mesut yaşadığım Mersin'de
Bir rüya gibi hatırlıyorum şimdi

ÜZÜNTÜ

–Avai'ye–

Ne ister benden bu üzüntü
Sokağa çıksam
Yahut eve girsem
Peşimde

Henüz sevda denilen derde
Düşmüş değilim
Parasızlık da çekmiyorum
Çok şükür bu günlerde

Peki nedir beni mahzun eden
Neden ağlıyacak gibiyim
Bir dokunsanız
Şu güzel bahar sabahında

Bilinmez ne arar bu üzüntü
Ben gibi avare bir insanda
Ki bütün gün işim
Dere boyunda gezinti

PENCERE

Odamda açık duran pencere
Bıktım damlardan
Bıktım bacalardan
Değişmeli biraz manzara

Yalnızlıktır, benim bütün derdim
Bana kalabalık lâzım
Kalabalık cadde
Kalabalık kahve

Ulan pencere
Sen ne utanmaz şeysin
Karşı evde oturan
Sarışın kızdan bana ne

Bana ne gökyüzünden
Damlardan ve bacalardan
Senin olsun hepsi
Sarışın kız da senin olsun

Ben senin derdini çekmem artık
Bana kalabalık lâzım
Kalabalık cadde
Kalabalık kahve

RÜŞTÜ'DEN GELEN MEKTUP*

–Oktay Rifat'a–

Önce bütün şairlere selâm
Sonra şunu söylemek isterim
Ölüm hiç de güzel değil
Ne sabah var ne akşam

Sokakların ellerinden öperim
Bana yaşamasını öğretmişlerdi
Dost olsun, düşman olsun
İnsanlara iyi günler dilerim

Söyle sarı saçlı daktiloya
Ben yokum artık
Vefasız dostlara hatırlat
Kimseye kalmaz o dünya

Nasıl unuturum güzeldi yaşamak
Fakat hakkı varmış Oktay'ın
"Hatıralar da dal istiyor
"Kuşlar gibi konacak."

* Rahmetli şair arkadaşımız Rüştü Onur.

CEVAP

Bir başıma kalmıştım
Bu küçük şehirde
Sen ölüverince birdenbire
Yaşamak istediğin halde

Tek bir işaret bile yok şimdi
Senin de gelip geçtiğine sokaklarından
Teneffüs ettiğine havasını
Suyunu içtiğine Zonguldak'ın

Ben ki elini sıkmıştım senin
Sigaranı ve kahveni içmiştim
Derdini dinlemiştim,
Derdimi anlatmıştım sana

Yalan söylemiş olurum inan
Unutmadım dersem seni
İsmin aklıma geldikçe fakat
İnanmak istemiyorum öldüğüne

Her şey bıraktığın gibi
Sen çekip gittikten sonra
Değişen bir şey yok
Eskiyen elbiselerimden başka

Dünya dönüyor
O kadar güzel ki bazı kadınlar
Çıldırmak işten bile değil
Ve harp, devam ediyor hâlâ

ÖLÜMÜ DÜŞÜNMEK

Mümkün mü ağlasın annem
Mezarımın başucunda
Ben sesimi çıkarmıyayım
Hayırsız bir evlât gibi

Ve bulut uçsun da
Ben başımı kaldırmıyayım
Yağmur dindikten sonra
Gezinmiyeyim caddelerde

Ah, mümkün mü bir güzel kadın
Geçsin de yanımdan
Ben seyretmiyeyim
İçimi çekerek

KAN

Önce öksürüverdim
Öksürüverdim hafiften,
Derken ağzımdan kan geldi
Bir ikindi üstü durup dururken

Meseleyi o saat anladım
Anladım ama, iş işten geçmişola
Şöyle bir etrafıma baktım,
Baktım ki yaşamak güzeldi hâlâ.

Meselâ gökyüzü,
Maviydi alabildiğine
İnsanlar dalıp gitmişti
Kendi âlemine

YAŞAMAK

Ben de isterdim şüphesiz
Çiçek koparmak olsun
Bütün günahı ellerimin
Olmadı işte

Dağıttım kendimi
Ayaklarımdan
Saçlarıma varıncaya dek
Neyim varsa

Dudaklarımı
Güzel şarkılar eskitti
Ve aldı gitti ayaklarımı
Kalabalık sokaklar

BENDEN SİZE

Yalnız ben mi inkâr ediyorum Allahı
Mevsimler benden kâfir
Ya kuşlar ve ağaçlara
Ne buyurulur

Uzun söze lüzum yok
Şahidimdir
Beş parasız gezindiğim sokak
Bir zaman yaşadığıma

Ve bir hatıra olsun diye
Benden size
Hiç sıkılmadan söyliyebilirim
Sarışın kızlara bayıldığımı

İSTANBUL'A HASRET

–Behçet Necatigil'e–

İstanbulun bir başka hatırası
Sıgara dumanı dolu kahve
Güven olmaz erkenden gitmeli eve
Kararsızdır Eylül güneşinin seması

Sonbahardır yağmur yağacak elbet
Baksana, kuşlar yuva derdinde
Sen ekmek parası peşinde
Ah, dayanılmaz bir hale geldi gurbet

Dayanılmaz yolumun üstünde meyhane
"Çek canım çek
"Çek gülüm çek,
"Çek İstanbul aşkına bir tane."

Ne iştir ben de bilmem
İçtikçe hatırlıyorum
Hatırladıkça içiyorum
Doldur kadehi anam babam

BU DA BİR SEVDA ŞİİRİ

Sen koku almış ceylan gibi ürkek
Sen salına salına gezinen dilber
Seni düşündük
Sabahlara kadar
Avniyle beraber

Seni düşündük
Yoksulluğu içinde gecemizin
Küfür ederek bu âlemin
Geçmişine
Geleceğine

Seni düşündük
Aç karnına
Sen bir dilim ekmek kadar aziz
Ve bir bardak şarap kadar leziz
Sen yürümesini bilen güzel kız

ŞARKI

Bir şarkı söylensin, bir şarkı
Ne esmerden bahsetsin
Ne sarışından
Eski günleri getirmesin yade

Bir şarkı söylensin
Hatırlamak için değil
Unutmak için de değil
Bulunmaz zaten derdimize çare

Bir şarkı söylensin
Uçan bulutlar misali
İstemez bu perişan hali
Arz etmesin, o vefasız yare.

Bir şarkı söylensin bir şarkı
Ne rengi olsun
Ne de kokusu
Hoşumuza gitsin sade

KUŞ MİSALİ

Derler ki insan oğlu
Uçan bir kuş misali
Bir bakarsın burda şimdi
Bir bakarsın öldü gitti

Ve işte dünyamız
Ağacın kuşa,
Kuşun ağaca
Benziyen bir tarafı yok

Ben de diyorum ki
Muzaffer Tayyip adındaki insan
Güzel olan yaşadığımızdır
Bir gün öleceğimiz değil

Evet güzeldir yaşamak
Her şeye rağmen
Kocaya kaçsa bile
Sevdiğin kız

YUNUS EMRE

Her şey, her şey meydanda işte
Binin yarısı beş yüz
Geldik ve gidiyoruz
Yalan söylemiyor Yunus Emre

Ölümdür, ölüm sonumuz
Fani dünya malıdır
Ellerimiz, ayaklarımız
Gömleğimiz ve donumuz

Çekip gitti mi insan
Bir defa güzelim dünyadan
Bir uzak hâtıra bile değildir
Artık yaşamak

Bakın ne güzel demiş
Bir Acem şairi
"Kırılan kadeh olsun
"Beklenen sevgili"

Her şey, her şey meydanda işte
Yalan söylemiyor Yunus Emre
Derviş Yunus ölmüş gitmiş
Lâkin Yunus Emre yaşıyor

Ek

Kitaplaşmamış Şiirleri ve Yazıları

İSİMSİZ

Ağaç, kuş ve güneş
Sizi dertsiz bildim
Dertli günümde
Sokak, seni sevdim
Ellerim cebimde
Bulut, seni aradım
İşsiz günümde
Saadet, seni buldum
Bu kalabalık şehirde
Ağaç, kuş ve güneş
Sizi dertsiz bildim
Dertli günümde

(*Kara Elmas* dergisi, Sayı: 6, 1 Ocak 1943)

GRAMER DERSİ

"Sevmek" bir kelimedir
"Sarı saçlı" dersem bir kız için
Sıfat söylemiş olurum.
"Ben sarı saçlı bir kız sevdim"
Bir cümledir. Sevda dolu bir cümle
Nokta koymalı, durmalı zira
Zira "açlık" da bir kelime
Cümleye gelmez sarı saçlı kız gibi
Ah elbet dolaşırsa ölüm sık sık dilime
"Öleceğim, ölüyorum, öldüm"
Diyeceğim bir gün

(Ölümünden sonra yayımlanmıştır)

İSTANBUL'A VEDA

Benim güzel İstanbul'um
Ne fena şey
Senden ayrılmak böyle
Elimde olmıyarak
Bu yüz gününde

Seni, bir daha göreceğim ne malûm?
Ben bir hasta adamım
Ah, benim güzel İstanbul'um

(*Kara Elmas* dergisi, Sayı: 7, 15 Ocak 1943)

İSTANBUL'A DÖNÜŞ

Neler olmuş, sormayın neler
Ben yokken İstanbul'da
Bıyık bırakmış Nedret
Sevgilisi istemiş de galiba

Feridun sıgara tiryakisi
Ve bizim Mersinli Kemal
Evlenmiş
Çocuğu da var

Yok, eski hali İstanbul'un
Nerde o İstanbul
Ki uzun bir zaman
Avare kılmıştı gönlümü

Sabah oldu mu
Çıkardım evden
Şapkamı unutarak
Sanki bir işim varmış acele

Dalgın dalgın dolaşırdım
Sokaklarda;
Islık çalarak
Bütün gün âvare

Yine Fatih yolundayım işte
Omuzuma çarptı kadının biri
Çorabını düzeltiyor bir başkası
Fakat nerde o eski İstanbul

(*Kara Elmas* dergisi, Sayı: 15-16, 1944)

SIKINTI

Havada uçup giden tayyare
İmrenip duruyorum sana
Ben de biliyorum ama
Niçin ve neden?

Havada uçup giden tayyare
Âşık olsaydım
Selâmımı götür derdim
"Nazlı yâre"

Kanadı kırık kalsaydım
"Gurbet ellerde"
Anlat derdim "ahvali perişanımı"
Benden haber soranlara

Havada uçup giden tayyare
Ne gurbet eldeyim
Ne de şikâyetçidir kalbim
Sevdadan yana

Bununla beraber
Bir derde düştü ki Muzaffer
Sıyıramaz yakayı bu sefer
Öyle kolay kolay

Zannım budur ki
Tükendi gitti sabrı
"İflâh" olmaz gayrı
Bulunmaz artık derdine çare

Havada uçup giden tayyare
İmrenip duruyorum sana;
Ben de biliyorum ama,
Niçin ve neden?

(*Kara Elmas* dergisinden)

İSTERDİM*

Bir güzele
Güzelliğini söylemek isterdim
Aynalardan evvel

Bir güzelle
Yaşamak isterdim
Güzel güzel

(*Varlık* dergisi, sayı: 191, 1 Haziran 1941)

* Bu şiir *Şimdilik* kitabında "Arzu" başlığıyla son üç dizesi eksik olarak yer almıştır. (Ed. n.)

DERT

Bakarsın pazar gelir
Memurlar hep sevinir;
Ben de sevinirim
Sanki bir dairede memurum.

Bakarsın bayram olur,
Çocuklar yeni giyinir;
İçim içime sığmaz
Sanki ben de yeni giyinirim.

Bakarsın mektup gelmez,
Gurbetteki dosta, üzülür;
Ben de üzülürüm
Sanki ben de gurbetteyim.

Bakarsın biri sevdalanır,
Uykusu kaçar geceleyin;
Benim de uykum kaçar
Sanki ben de sevdalıyım.

(*Ocak* gazetesi, sayı: 43-1, 25 Kasım 1942)

*Rüştü'ye Dair**

Rüştü ölmüş... Öldü diyemiyorum. Bundan bir ay önce İstanbul sokaklarında kolkola gezdiğim; birkaç gün evvel de yakında bir şiir kitabının çıkacağını müjdeliyen mektubunu aldığım Rüştü'nün bu vakitsiz ölümüne kendimi inandırmak kolay olmıyacak.

Rüştü benim için şiirlerini her zaman zevkle okuduğum bir şairden ziyade, hiç çekinmeden bana derdini döken, ve benim de hiç çekinmeden kendisine içimi açabileceğim; yer yüzündeki yegâne insandı. Şair Rüştü Onur'dan bahsedecek değilim; zira bu kendimden bahsetmek gibi bir şey olacak, çünkü onunla –teferrüata ait bazı cihetler istisna edilirse şiir üzerinde anlaşamadığımız noktalar, yok denecek kadar azdı– bununla beraber şurasını işaret etmekten kendimi alamıyacağım. Zevkine itimat ettiğim sayılı kimselerden biri olan, dostum N... bir gün şöyle demişti: "Rüştü'nün şiirlerinde Sabahattin Kudret'in son şiirlerini hatırlatan bir sıkıntı var." Evet Rüştü'nün hemen bütün şiirlerinde bir sıkıntı vardır; lâkin bunun mahiyeti; S. Kudret'in şiirlerinde sezilen sıkıntıdan apayrıdır. Şöyle ki: S. Kudret'in şiirlerinde, bir büyük ve kalabalık şehirde yaşamaktan bıkmış insanların âdeta, can çekişen aristokrasinin cılız bir nefesinden başka bir şey olmıyan ve ne yapacağını şaşırmış bir vaziyette bulunan M. de Cointré'nin sıkıntısı vardır.** Halbuki Rüştü'nün şiirle-

* Muzzaffer Tayyip Uslu'nun şair Rüştü Onur'un ölümü üzerine kaleme aldığı yazı. (Ed. n.)

** Sakın bu sözlerimle S. Kudret'i kötülediğimi zannetmeyin; böyle bir tefsir sözlerimin yanlış anlaşılması demektir; ben S. Kudret'in genç neslin üzerinde dikkatle durulacak bir şairi olduğu kanaatindeyim. Bu satırları yazmaktaki maksadım Rüştü'nün, S. Kudret'in bir mukallidi olmadığını belirtmektir. (M. T.)

rinde, insanları yorulmadan, sokakları yoruluveren ve günleri birbirine benziyen bir küçük şehrin, yeknesak hayatından kurtulmak için çırpınan, ve haddizatında güzel olan yaşamaktan nasibini almak arzusiyle, mütemadiyen mesut insanlarla dolu mesut memleketlere firar etmeyi düşünen insanların haleti ruhiyesi vardır. Rüştü ölmek değil yaşamak istiyordu.

Sırası gelmişken onun Salavin'e olan hudutsuz sempatisinden bahsetmeliyim.

İstanbul'a ilk gidişinde Journal de Salavin'le birlikte yolladığı mektubunun sonunda diyordu ki: "Ben Salavin'i, Duhamel'i okumadan çok önce tanıyordum; bize bizden bahseden Duhamel bin yaşasın." İtiraf etmeliyim ki onun Salavin'e bu hudutsuz sevgisi şiirlerinde de kendini göstermiştir:

Benden zarar gelmez
Kovanındaki arıya
Yuvasındaki kuşa
Ben kendi halimde yaşarım
Şapkamın altında.

Bu mısraların Salavin'le akrabalığı gün gibi aşikâr değil mi? Ben bunun Rüştü için bir kusur olacağını zannetmiyorum. Zaten Duhamel Université des Annales'de verdiği konferansta Salavin'in yirminci asır insanı olduğunu iddia etmemiş miydi? Yirminci asırda yirmi iki yıllık ömrü olan Rüştü'nün, yirminci asır insanının sentezi olan Salavin'e benzeyişinden daha tabiî ne olabilir?

*

Rüştü ölmüş.. Onunla aynı hastalıktan yan yana yattığımız günleri hatırlıyorum; bize o zaman ıstırabın ta kendisiymiş gibi gelen o günlerde, şimdi saadeti görür gibi oluyorum. Rahmetlinin ağzından hiç düşmiyen bir söz vardı: "Saadet, kaybedilenler arasındadır." Fakat o saadeti, yenide ve yeniye giden yol demek olan macerada aradı. Bu macera düşkünlüğü değil midir ki onu havası ve suyu kadar insanları da yabancı bir şehirde beklenmedik bir zamanda yalnız, yapayalnız ölümün kucağına terketti.

*

Rüştü ölmüş... Demek ben artık, Rüştü gelirse; şöyle yaparız, böyle yaparız, diye hülyalara dalamıyacağım. Demek artık, bir zamanlar başbaşa tasarladığımız yarına ait o güzel projelerden hiçbiri tahakkuk etmiyecek. Demek artık, bu şehrin caddelerinde dolaştığımız ve yeni yazdığımız şiirleri birbirimize okumak için deliler gibi sokaklara düştüğümüz günler, bulutu bulut, ağacı ağaç, denizi deniz olarak seyrettiğimiz saatler, sırf şiirden bahsederek sabahladığımız geceler birer hâtıra oldu.

Rüştü ölmüş.. Ve ben daha şimdiden insanları yorulmadan sokakları yorulan bu küçük şehirde yalnızlığımı hissetmiye başladım.

(*Ocak* gazetesi, 16.12.1942 ve 23.12.1942)

Şiire ve Şiirde Primitif Anlayışa Dair

"Gerçek şair yaşadığının farkına varan insandır, halis şiir yaşamak sevincinin bir tezahüründen başka bir şey değildir." Bir arkadaş bu sözleri söylediği vakit, itiraf edeyim ki hoşuma gitmesine rağmen pek yerinde bulmamıştım. Lâkin şimdi aradan bir hayli zaman geçtikten sonra, ne kadar haklı olduğunu daha iyi anlıyorum. Evet "gerçek şair yaşadığının farkına varan insandır. Halis şiir yaşamak sevincinin bir tezahürüdür."

Şiir nedir? Bu soru insan oğlunun dudaklarında kimbilir kaç defa dolaştı ve dolaşacak. Şiiri şu veya bu şekilde tarife kalkışanlar onun ancak bir tek cephesini aydınlatabildiler. Şiirin tarif edilmemesinin sebebini ilâhiliğine atfetmek şiire ihanettir.

Paul Valéry der ki: bâzılarının şiir hakkında düşünceleri o kadar müphemdir ki, bu müphemliği şiirin tarifi zannederler. Başka yerleri bilmiyorum. Ama memleketimizde değil halkın, aydınların bile şiir hakkında belirli bir düşünceleri yoktur. Şiiri *autobiographie* yahut aşk mektubu telâkki edenlerimiz ne kadar çoktur.

Öyle sanıyorum ki bu, sanat kültürünü vermek için tuttuğumuz yanlış yoldan ileri geliyor. Güzelliğin, estetik mânadaki güzelliğin terkibi olduğunun tahlil edilemiyeceğini unutuyoruz. Bir adam tasavvur edin ki hayatında hiç çay içmemiştir. Şimdi buna en iyi cins çayın Çin'de yetiştiğini, bütün şeker endüstrisini ve nihayet çayın nasıl yapıldığını en küçük teferrüatına kadar anlatsak, acaba ömründe hiç çay içmemiş olan bu adama hakikî çay içeceği vakit duyacağı tadı ihsas ettirmiş olabilir miyiz? İşte bize sanat kültürünü vermek için kullanılan yanlış yol. Güzele ünsiyet peyda etmemiş bir kimse çirkini nasıl tanısın? Güzele tahlil değil, telkin yolu ile varılacağını artık zihnimize yerleştirelim.

Şiir, halis şiir vezin ve kafiyenin hattâ mânanın dışındadır. Nice mısralar vardır ki, vezin ve kafiyesini, mânasını bozmadan, kelimelerin yerini değiştirdiğimizde bizi eskisi gibi sarmazlar. La Bruyère'nin dediği gibi "Bir fikri muhtelif ifadelerle anlatmak mümkündür. Fakat bütün bu ifadelerin içinde bir tanesi vardır ki en güzeli odur." İşte şair düşüncelerini en güzel şekilde ifade eden kimsedir.

Şiir kelimelere tasarruf etmek sanatıdır. Nasıl bir ressamın ilk endişesi tablosunu modele benzetmekten ziyade, çizgilerin ve renklerin âhengini bulmaksa, bir şairin de ilk endişesi güzel şeyler söylemekten ziyade güzel şekilde söylemektir. Birçok şairlerin söylemek istediklerinden çok söyleyiş tarzlarının hoşumuza gittiğine her halde dikkat etmişsinizdir. Meselâ bir divan şairinin herhangi bir beytine "ah ne güzel demiş" diye hayranlık gösterirken buradaki güzel kelimesi söylenen şeylere değil de söyleyiş tarzına racidir.

Nurullah Ataç şiire dair bir konuşmasında André Gide'in bu fikri şöyle hulâsa ettiğini zikrediyor: "Sanatkâr güzel odalar yapsın, okuyucu ona kiracı bulur." Bu tarif bizi *symbolisme*'e götüreceği için tehlikeli olmakla beraber büyük bir hakikatı ihtiva etmesi bakımından mühimdir.

Memleketimizde pek yanlış olarak modernizm birinci harbi umumiden sonra, Avrupa'da daha doğrusu Fransa'da baş gösteren anarşist cereyanların kötü bir kopyası telâkki edilir. Bu sakat ve dar bir görüştür. Şüphesiz genç nesil bu anarşist sanat cereyanlarından azçok mülhem oldu. Meselâ serbest nazmın memleketimizde vakitsiz yayılması gibi. Fakat hiçbir şairimiz bu anarşist sanat cereyanlarının meydana getirdiği mekteplere mensup değildir. Hiçbir şairimiz Guillaume Appolinaire'in plâstik dalaverelerini denemedi. Ve bütün iddiaların tersine olarak hiçbir şairimiz sürrealist metotla çalışmamaktadır. Aralarında müşterek bağlar olan şairleri muhakkak bir isim altında toplamak lâzımsa, buna primitif şiir anlayışı diyebiliriz.

M. Cevdet: lüks olmıyan bir şiir, fevkalbeşer olmıyan bir şair karşısındayız derken bu şiir anlayışının en veciz tarifini vermiş oluyordu.

Her şeyden evvel şaire istiklâlini kazandırmak icap ediyordu.

Şiirde müzik, müzikte şiir; şiirde resim, resimde şiir, aramak aydınlarımızın ötedenberi müptelâ oldukları bir illettir. Buna bir de son zamanlarda moda olan; şiirde roman, romanda şiir aramak hastalığını ilâve etmeliyiz. Genç şairin ilk mücadelesi bunlar oldu. İkinci mühim mesele şiiri olduğundan başka türlü görülmesine vesile teşkil eden ve şiiri statikleştiren lüzumsuz kayıtlardan kurtarmak lâzımdı. Bu maksatla vezin ve kafiyeye, mecaz, teşbih, istiare gibi lâfız sanatlarına hücum edildi.

Bugün artık inkâr edilmez bir gerçektir ki bütün sermayesi vezin ve kafiyenin temin edeceği ahenkle; teşbih, istiare gibi lâfız sanatlarından ibaret olan şiir tarzı iflâs etmiştir, ve şiirin kapıları insanı ilgilendirmiyen problemlere çoktan kapanmıştır.

Vezin ve kafiyenin şiirdeki izafiliği üzerinde duracak değilim. Orhan Veli bu meseleyi evvelce halletmiş bulunuyor... Yalnız vezin ve kafiyenin ortadan kalkmasıyla, şeklin de kaybolacağını ileri süren bâzı sivri akıllılara sanat eserinde şeklin muhtevanın heyeti umumiyesinden geldiğini hatırlatmak isterim. Teşbihe gelince, pek muhtemeldir ki insan oğlu ilk teşbihi düşüncelerine vuzuh vermek için kullanmış olsun. Bir teşbih bir ihtiyacı önlediği müddetçe iyidir. Dikkat ederseniz güzeldir demiyorum.

Başlangıçta fayda gözetilen teşbihte insanlar sonradan bir güzellik buldular, ve teşbih için teşbih yapmıya kalkıştılar. O kadar ki teşbih asıl ödevini kaybetti. Yani düşünceleri berraklaştıracağına bulandırmıya başladı ve netice meydanda işte: Şiir bilmece halini aldı. Bir ressamın sevgilisinin portresini yaptığını farzedelim; kaşlarını kemana, kirpiklerini oka, ve yanaklarını güle benzetsin. Ortaya çıkacak maskara şeyi siz tasavvur edin gayri. Teşbih için teşbih yapan şairin hali mahut ressam kadar yürekler acısıdır. Mecazın da teşbihten kalır yeri yoktur.

Biliyorum, edebiyatımızın teşbihler ve mecazlar dünyasında yüzmesi ekonomik, sosyal, tarihsel sebeplerin zarurî bir neticesidir. Medreseden gelen iskolâstik zihniyete karşı tekke edebiyatının Epiküriyen'ci dünya görüşünün teşbihe ve mecazlara sığınacağı muhakkaktır. Fakat bilmem bugün ortada böyle bir sebep var mı? Niçin ağacı ağaç, bulutu bulut ve denizi deniz olarak seyretmiyelim? Niçin çiçek açmış canım erik ağacını ciğeri beş para etmez bir teşbih uğruna feda edelim?

Şair harcıâlem şeylere teşbih ve mecazlarla lâyık olmadığı bir değeri vermek için çabalıyan bir sahtekâr değil, bulanık düşünceleri berraklaştıran hakikat arayıcısıdır.

Şurasını da belirtmeliyiz ki şiirde primitif anlayış bir netice değil bir başlangıçtır.

Eski şiirin yıkılması ve okuyucunun alışılmış şeylerden şüpheye davet edilmesi lâzımdı. Orhan Veli ve arkadaşları bunu yaptılar. Şimdi onlardan sonra gelenlere yeni hakikatlar bulmak için bu çetin yolda yürümek düşüyor. Unutmıyalım ki sanatkâr orijinalitesini yapmak için her şeyi yeni baştan öğrenmek ve inşa etmek zorundadır. Sanatkâr için mükemmeliyet gibi ezbercilik de yoktur.

(*Kara Elmas* dergisi, Sayı: 7, 15 Şubat 1943)

Halk Edebiyatımızdan Faydalanmanın Yolları

Yarınki Türk şairinin halk edebiyatından faydalanmak zorunda olduğunu kabul etmiyecek bir kimse düşünemiyoruz. Ve öyle sanıyoruz ki, bugün artık Türk folklorunun ve halk edebiyatının misline paha biçilmez değerde bir hazine olduğunu öğrenmiyen hiçbir insan kalmamıştır.

Bununla beraber bu değerli hazineden nasıl faydalanacağımızı bilmediğimiz de tevil kabul etmez bir gerçektir.

Bu iddiamızın en büyük delili bu alanda yıllardanberi çalışanların şimdiye kadar en ufak bir başarı elde edememiş olmalarıdır. Kanaatimizce bunun böyle olmasının sebeplerini halk edebiyatımızın ve folklorumuzun bugünedek bilimsel bir şekilde ve objektif olarak değerlendirilmemiş olmasında aramak lâzımdır. Gerçekten hâlâ folklorumuzu halk edebiyatımızı objektif olarak inceleyen, yani iyi ve kötü taraflarını belirten ve bugünkü durumuna gelinceye kadar ne gibi gelişme safhalarından geçtiğini gösteren eserlerimiz yok denecek kadar azdır. Bu vaziyet karşısında birçok kimselerin halk edebiyatımızın iyi ve kötü taraflarını birbirine karıştıracakları âşikârdır. Netekim birçok kimseler halk şiirimizin kusurlarını meziyetleri sanmak gafletinde bulundular. İşte hececiler ve onların peşinden gelenler meydanda. Son birkaç yıl içinde halk şiirine yeniden yakın bir ilginin baş gösterdiğine şahit oluyoruz. Oluyoruz ama bu akış böyle devam ettiği takdirde edebiyatımıza faydalı olmak şöyle dursun, bilâkis zararlı olmak istidadındadır. Şöyle ki halk şiirine sempati gösterenlerin büyük bir kısmı kuru bir köy romantizminin kapısını çalmak üzeredir. Bilmem bizim halk edebiyatından beklediğimiz faydanın kuru bir köy romantizminin çok ötesinde olduğunu söylemiye hâcet var mıdır?

Biz halk edebiyatının misline paha biçilmez değerde bir hazine olduğunu söylerken onun zengin motiflerini, dilinin dehâsını ve imkânlarını düşünüyoruz. Bu meziyetlerin yanında bâzı kusurların bulunduğunu da unutmuş değiliz. Halk edebiyatından faydalanmak demek onun tahakkuk ettirdiği imkânları istismar etmek demek değildir. Belki onları yeniden malzeme olarak kullanmaktır. Yoksa şimdi bâzılarının yaptığı gibi Dertli'nin yahut Karacaoğlan'ın kendi tarzında muvaffak olmuş bir şiirine nazireler yazmak için harcanan emekler boşuna bir gayret olmaktan öteye geçemez. Şiir her şeyden önce bir edadır. Karacaoğlan'ın Elif'i tarzında namütenahi şiirler söylenebilir. Fakat buradaki başarı herkesten ve her şeyden önce bu kompozisyonu ilk defa meydana getiren Karacaoğlan'a aittir. Geriye kalanların hepsi birer kopyadır. Bunun içindir ki birçok kimseler pek haklı olarak Karacaoğlan'ın, Dertli'nin ve emsallerinin o canım güzel şiirleri dururken onların ikinci, üçüncü hattâ dördüncü bir elden kopyasını okumıya tahammül edemiyor.

1- Tesirle taklidi ayırt etmemek,

2- Halk edebiyatı ile halkçı edebiyatı birbirine karıştırmak,

3- Belli başlı bir sanat kriteryumuna sahip olmamak,

4- Sanat kültürlerinin noksan oluşu.

Gelecek yazılarımızda bu noktalar üzerinde durmak niyetindeyiz.

(*Kara Elmas* dergisi, sayı: 15-16)

Şiirde İnsanı Aramak

I

Yeni şiir muasırlaşmanın sosyal bir neticesidir. Zamanımızın şairi, şiiri gökten yere indirmek gibi çetin bir dâvanın peşindedir. Birçok kimsenin yeni şiiri yadırgamasının sebebini, her şeyden evvel şiiri gökte ararken yerde bulmanın verdiği şaşkınlıkta aramak lâzımdır; buna bir de, bizde münevver geçinenlerin, şiiri aşk mektubu, şairi hava sevdalı bir âşık telâkki eden dar görüşüyle, insan psikolojisinin belli başlı hâkim unsurlarından biri olan itiyatların sarsılmasını ilâve edecek olursak mesele bütün aydınlığıyla ortaya çıkar.

Muhtelif zamanlarda, muhtelif mektep değişmeleri olmuştur; hemen her devirde eskiyle yeni boğaz boğaza gelmiştir. Fakat hiçbir yerde, hiçbir vakit bu çarpışmalar bizde olduğu kadar gürültülü bir mahiyet arzetmez. Bunun sebebi, bizdeki eski-yeni kavgasının sadece bir mektep değişmesi değil, aynı zamanda bir dünya görüşü inkılâbı olmasıdır. Hepimizin ülküsü, mensup olduğumuz cemiyeti garbın seviyesine yükseltip Avrupayla atbaşı gitmek değil midir? Tanzimattan beri garp medeniyetine dahil olmıya çalıştığımızı ve memleketimizin bilhassa son yirmi yıl içinde akıllara durgunluk veren inkılâplara sahne olduğunu tekrarlıyacak değiliz; lâkin bir noktayı işaret etmek mecburiyetindeyiz, o da şudur: Sosyal ve ekonomik alanda görülen bütün bu değişmelerin bir gün kendilerini, sanat ve edebiyat âlemimizde de göstereceği muhakkaktır.

(*Ocak* gazetesi, sayı: 87-44, 20 İkincikânun 1943)

II

Son yıllarda sanat dünyamızda başgösteren yenilikleri, muasırlaşmanın bir sosyal neticesi olarak ele almak istemiyenler, başlarından fesi çıkarırken, kafalarının içinden şarkın küflenmiş düşüncelerini atamıyan kimselerdir; onlar inkılâbın her şeyden evvel bir dünya görüşü meselesi olduğunu idrak edemiyecek kadar zavallıdırlar; bir an düşünelim, niçin şarktan garba döndük? Bu suale verilecek cevap gayet basittir. Çünkü garp şarktan üstündü. Tetkikler bize göstermiştir ki garbın bu üstünlüğü realist oluşundan ileri geliyor. Hemen haber verelim ki burada realizm kelimesinden 19. asırda pozitivizmin edebiyata tesiriyle ortaya çıkan edebî ekol'ü değil de, Rönesanstan sonra bütün Avrupa'ya kök salan ve tabiatı *concret* unsurlarıyla ele alan, insana değer veren dünya görüşünü anlıyoruz.

Hegel der ki: Şark zekâsı terkipçi, garp zekâsı tahlilcidir. Tahlilci zekâ garbı realizme, terkipçi zekâ da şarkı romantizme götürmüştür. Şu halde şöyle diyebiliriz: Muasırlaşmak, romantiklikten kurtulup realist dünya görüşüne sahip olmakla mümkündür.

Mistik bir dünya görüşüne varan şarkın insanı ihmal ederek, mukadderatın eline teslim edeceği iki kere ikinin dört ettiği kadar basit bir hakikatti.

Eğer edebiyatımız bugün cihan ölçüsünde değerlere sahip değilse, bütün suç, kapılarını sımsıkı insana kitlemesindedir. Sadri Ertem diyor ki: "Ne divan edebiyatçıları, ne Tanzimat edebiyatının devamı olan mektep mensupları, insanı tabiatta olduğu gibi görmediler. İnsan yerine kendi hülyalarını ve kendi tasavvurlarını seyrettiler." İnsanı tabiatta olduğu gibi görmek, az evvel bahsettiğimiz realizmden başka bir şey değildir.

Netice: Edebiyatımızın insandan mahrum oluşu bilhassa son yıllarda kendini adamakıllı hissettirmiye başlamıştı. İşin farkına varan bâzı açıkgöz münekkitler, insanın bulunduğu yeri bildiren ve birbirini tutmıyan adresler vermiye kalkıştılar. Fakat maalesef bunların hiçbirinde insanı bulmak mümkün olmadı. Meselenin bir çorap söküğü gibi uzayıp gideceğini sezen zamanımızın sanatkârı bizzat kendisi insanı aramıya çıktı.

Şurasını ilâve edelim ki, şiirde insanı aramıya çıkan genç şairin keşfedilmiş ülkelerde dolaşmıya niyeti yoktur. Meselâ bir Karacaoğlan yahut bir Baudelaire, bütün kıymetlerine rağmen bugün için keşfedilmiş birer ülkedir.

"Şiirde insanı aramak" mürteci kafalı şovenlerin yaygaralarına ve terbiyesizce saldırmalarına kulak asmıyarak sırf Türk edebiyatının selâmeti için insanı aramak... İşte genç Türk şairlerinin parolası.

(*Ocak* gazetesi, sayı: 93-50, 27 İkincikânun 1943)

Teşekkür

Muzaffer Tayyip Uslu Arnavut bir babanın İstanbul doğumlu oğlu olsa da kısacık ömrünün yarısını geçirdiği Zonguldak'ta yaşadıkları ve yarattıklarıyla oranın insanı olmuş ve "Zonguldaklı şair" olarak anılmıştır. Ölümünden sonra Zonguldak'ta onu bilenler, değer verenler anısını, edebi yönünü yaşatmak adına çeşitli etkinliklerle bir araya gelerek yazılarında, toplantılarında Muzaffer Tayyip adını yaşatmaktadırlar.

Bu kitabın günümüz şartlarında tekrar basılmasını kabul eden değerli Yapı Kredi Yayınları ailesine, iki Zonguldaklı şair, yakın arkadaş Rüştü Onur ve amcamız Muzaffer Tayyip'in kısacık yaşamlarından etkilenip hayatlarını ve şiirlerini konu alan *Kelebeğin Rüyası* adlı filmi yaparak sadece Zonguldak'ta değil ülke çapında farkındalık yaratan Sayın Yılmaz Erdoğan ve ekibine, Zonguldak'ta Muzaffer Tayyip adına çalışmalar yapan değerli gazeteciler ve edebiyatçılara ve bugüne kadar yarattığı eserlere sahip çıkarak günümüze taşıyan herkese, Muzaffer Tayyip'in kardeşleri ve onların çocukları olarak yürekten teşekkür ederiz.

USLU Ailesi